NOTICE BIOGRAPHIQUE

SUR

M. J. KOECHLIN

PÈRE.

MULHOUSE

IMPRIMERIE DE J. P. RISLER.

NOTICE BIOGRAPHIQUE

SUR

M. JEAN KOECHLIN PÈRE,

LUE A LA SOCIÉTÉ INDUSTRIELLE DE MULHAUSEN,

DANS SA SÉANCE DU 24 FÉVRIER 1836,

PAR

M. EDOUARD VERNY,

PRINCIPAL DU COLLÉGE ET MEMBRE HONORAIRE
DE LA SOCIÉTÉ.

NOTICE BIOGRAPHIQUE

SUR

M. JEAN KOECHLIN PÈRE,

LUE A LA SOCIÉTÉ INDUSTRIELLE DE MULHAUSEN,

DANS SA SÉANCE DU 24 FÉVRIER 1856.

LORS même qu'un usage religieux, observé par la société industrielle comme par toutes les sociétés savantes de l'Europe, n'exigerait pas qu'un dernier et solennel hommage fut rendu devant elle à ceux de ses membres que la mort vient enlever de son sein, la mémoire du vieillard vénérable que Mulhausen et la société industrielle ont récemment perdu, réclamerait à bon droit une expression publique d'estime et de regret ; et, dans l'ordre même de vos travaux, un coup d'œil jeté sur la longue et active carrière qu'il a parcourue, ne serait pas sans intérêt. Car la vie de M. Jean Kœchlin père se rattache, par son origine et sa jeunesse, aux premiers commencemens de l'industrie mulhousienne , et , par sa vieillesse et la famille qui est sortie de lui, aux progrès et aux triomphes les plus récens de cette fabrication qui a été pour notre cité une source si abondante de fortune et de gloire. M. Kœchlin lui-même a dignement rempli le long intervalle qui s'étend entre ces deux extrémités de sa carrière, et sous tous ces rapports, comme fils et associé de son père, comme père et directeur de l'éducation de ses fils , enfin comme industriel lui-même, il peut être appelé l'un des fondateurs de la prospérité de Mulhausen et d'une grande partie de ce département.

M. Jean Kœchlin est né à Mulhausen, le 4 Février 1746. Son père était M. Samuel Kœchlin ; sa mère, Madame Elisabeth Hofer. Il était l'aîné de huit frères et de quatre sœurs. Il y a peu de jours que nous avons rendu les honneurs suprêmes à la dernière de ses sœurs ; un seul de ses frères lui survit encore.

M. Samuel Kœchlin , en société avec MM. Jean Jacques Schmaltzer et Jean Henri Dollfus, avait établi à Mulhausen, en 1746, la première fabrique de toiles peintes. (*)

(*) Les ateliers d'impression de cette manufacture, exploités sous la raison Kœchlin, Schmaltzer et C.ᵉ, se trouvaient rue de la Loi, autrefois rue Sainte-Claire, dans le

Au lieu de rapporter ce titre de gloire aux trois fondateurs indistinctement, on a cherché de notre temps à faire la part des uns aux dépensde l'autre, et, contrairement à toute équité, c'est M. Samuel Kœchlin qu'on a le moins bien traité dans ce partage. Aujourd'hui que la vérité sur ce point s'est fait jour, nous pouvons dire, d'après la Statistique générale du département du Haut-Rhin, publiée en 1830 par la société industrielle même, que le premier mérite à reconnaître, sans partage, aux trois fondateurs, c'est d'avoir eu le courage et la force de volonté nécessaires pour tenter un genre d'industrie qui, à peine introduit dans quelques autres contrées de l'Europe, était encore dans l'enfance ; car, pour emprunter quelques faits curieux à la Statistique que nous venons de citer, les moyens d'exécution se réduisaient alors à un petit nombre d'opérations et de procédés que la routine seule avait enseignés, et que des ouvriers suisses et allemands avaient apportés dans nos contrées. Les premières impressions de MM.

---

même local où fut plus tard la fabrique Zindel. Les ateliers de teinture et de lavage étaient situés au point où le Steinbæchle se déverse dans le Dollergraben, au-dessus du foulon de la ville, et ont formé, depuis, l'ancien établissement Schlumberger, Kœnig et C.ᵉ

Kœchlin, Schmaltzer et Ce furent exécutées en couleurs d'application à l'huile siccative ou au vernis, en dessins à une ou à deux couleurs. Mais dès la seconde année de leur fabrication, ils apprirent d'un compagnon imprimeur de Hambourg la manière de préparer le mordant d'alumine, connu sous le nom de mordant rouge, qu'ils obtenaient, comme on le fait encore, par l'alun et l'acétate de plomb.

M. Jean Kœchlin racontait souvent, d'après ses parens, les circonstances de la précieuse communication faite par le compagnon imprimeur de Hambourg : c'était sa mère, Mme Samuel Kœchlin, qui avait transcrit elle-même dans le carnet secret des recettes de son mari, celle que ce compagnon avait donnée. Une autre circonstance digne de remarque, racontée par M. Jean Kœchlin, c'est que le premier produit obtenu d'après ce procédé fut pour les trois associés un sujet de satisfaction telle qu'on présenta, comme en triomphe, à Mme Samuel Kœchlin, une couverture de lit, où apparaissait pour la première fois le rouge garancé : elle en orna le berceau de son premier né, de celui-là même auquel nous consacrons aujourd'hui cette notice.

Après avoir reçu, avec ses frères et sœurs, cette modeste éducation de famille dont le premier soin était de conserver à l'enfant et à l'adolescent la santé du corps et l'innocence de la pensée, M. Jean Kœchlin fut associé de bonne heure aux travaux de son père, et s'instruisit, par la pratique, des procédés de la fabrication. Votre musée industriel conserve, parmi les échantillons des premières indiennes imprimées à Mulhausen, plusieurs pièces qui datent de cette époque, et à la confection desquelles le jeune Kœchlin avait concouru. Il peut donc être considéré, lui aussi, comme un de ceux qui ont fondé ou fixé cette industrie dans nos contrées.

M. Jean Kœchlin se maria, en 1769, avec Mlle Climène Dollfus. Peu de temps après, son père étant mort, et la maison Kœchlin, Schmaltzer et Ce s'étant dissoute, il s'associa ses frères ainés et continua, sous la raison de *Frères Kœchlin*, le même genre de fabrication. Mais bientôt M. Jean Kœchlin quitta lui-même cette société, pour fonder à Mulhausen, de concert avec un de ses beaux-frères, M. Thierry, un établissement d'instruction publique, qui fut connu sous le nom *d'Institut*. Les deux beaux-frères construisirent, pour y placer leur établissement, les bâtimens qui contiennent aujourd'hui le collége et la loge des francs-maçons, et qui alors étaient réunis par une cour commune.

L'institut de MM. Kœchlin et Thierry était une sorte d'école supérieure de commerce, et l'enseignement paraît y avoir compris les sciences physiques et les mathématiques, genre de connaissances qui, de tout temps, a facilement prospéré à Mulhausen. L'institut avait un internat placé sous la direction particulière de M. et de Mme Kœchlin, et recevait des pensionnaires de la Suisse et de l'Allemagne. Beaucoup de jeunes Bâlois y reçurent leur éducation commerciale, et la réputation de l'établissement s'étendit assez pour qu'il lui arrivât des élèves des villes commerçantes les plus riches en ressources et les plus cultivées de l'Allemagne, de Francfort et de Hambourg, par exemple.

En 1787, M. Kœchlin quitta l'institut qui fut continué par M. Thierry seul, et rentra dans l'industrie. Il fut d'abord directeur de fabrication dans l'établissement de Wesserling, qui existait alors sous la raison Senn, Bidermann et Ce, et plus tard il eut un intérêt dans cette maison. La position de M. Kœchlin, pendant toute cette période de sa vie, n'était point brillante. Le nombre de ses enfans s'accroissait chaque année, et la plus stricte économie pouvait seule maintenir quelque équilibre entre les besoins et les ressources de la famille. Mme Kœchlin habitait une ferme appelée le Stœrenburg, située non loin de la fabrique; et plus tard, pendant la tourmente révolutionnaire et les troubles qui agitèrent la vallée de St-Amarin, elle se retira à l'abbaye de Massevaux, et elle eut le bonheur de pouvoir y soustraire aux recherches des autorités terroristes, plusieurs fugitifs de renom, entr'autres le duc de Broglie, ancien gouverneur de la province d'Alsace, et père du ministre honnête homme qui vient de quitter le pouvoir. Ce fut dans ces deux retraites, que, réduite à-peu-près à sa seule influence, Mme Kœchlin dirigea l'éducation de ses nombreux enfans, dont quelques-uns approchaient déjà de l'adolescence; et c'est sans doute aux heureuses impressions de cette première époque de leur vie que les fils de M. Jean Kœchlin ont dû cette persévérance, cet amour du travail, et ce caractère de loyauté et d'inflexible droiture que nous aimons tous à reconnaître en eux.

En 1799, M. Jean Kœchlin, devenu citoyen français par la réunion de Mulhausen à la France, alla former, avec MM. Marin et Keller, une nouvelle fabrique de toiles peintes à Bosserville, près de Nancy.

Enfin, en 1802, il revint à Mulhausen, où son fils Nicolas Kœchlin avait fondé une maison de commerce qui, à dater de cette époque, embrassa dans sa sphère d'activité la fabrication des

toiles peintes, et à laquelle se joignirent successivement M. Jean Kœchlin père et plusieurs autres de ses fils. Alors déjà, à cette époque si
éloignée de nous, M. Jean Kœchlin était à l'entrée de la vieillesse, et, après une vie active,
agitée et très-inégalement prospère, après
avoir élevé ses fils dans des habitudes de travail
et de sobriété, après les avoir introduits dans la
vie manufacturière et leur avoir confié les traditions de son industrie, il avait droit au repos.
Depuis lors aussi il lui fut possible de se livrer
à une activité plus calme et plus unie. Ses fils
avaient pris sa place ; il les voyait prospérer ;
il se reposait dans la vue de leurs succès présens, dans la confiance de leurs succès futurs.

L'on sait que cette jouissance et cet espoir
de M. Kœchlin étaient bien fondés : personne
n'ignore ce que sont devenus, pendant les vingt
dernières années, la maison Nicolas Kœchlin
et frères, et les hommes qui la composaient ; il
serait superflu et peu convenable peut-être de le
rappeler ici en détail. Qu'il soit permis de dire
seulement, parce que cela se rattache plus particulièrement au sujet de cette notice, que la
maison formée par les fils de M. Jean Kœchlin
fut la première à introduire dans la fabrication
des indiennes plusieurs notables améliorations ;
qu'on doit à l'un de ces frères associés de précieu-

ses découvertes dans l'art de la teinture , et qu'ainsi l'on a pu dire avec raison, en commençant, que par sa vieillesse et sa famille, M. Jean Kœchlin touchait aux progrès les plus récens de l'industrie dont il avait vu dans sa jeunesse les premiers développemens. M. Jean Kœchlin fut un fortuné père ; et, pour ne parler que de ceux qui ne sont plus, quel homme n'eût été heureux et fier d'avoir pour fils un citoyen comme Jacques Kœchlin, pour fille , une mère de famille, une mère des pauvres comme Mme Bourcart ?

Dans cette dernière période de son existence, retiré d'abord avec sa vieille et digne compagne dans une riante habitation , puis, après que Mme Kœchlin l'eut précédé dans la tombe, reçu chez un de ses fils et entouré des soins les plus tendres , M. Jean Kœchlin s'adonna plus particulièrement à des études qui , long-temps auparavant déjà , avaient fait le charme de ses loisirs. C'est à lui que nous devons la magnifique collection de coléoptères qui fait un des principaux ornemens de votre musée. Ses connaissances dans cette branche de l'entomologie lui avaient valu l'admission dans plusieurs sociétés savantes, et notamment le titre de membre correspondant de la société d'histoire naturelle de Berlin. Il était aussi dessinateur distingué, et il excellait dans l'art de composer des tableaux avec des ailes de papillons. Ces occupations lui offrirent, jusque dans ses dernières années, des sujets de douce distraction et l'occasion de ménager d'aimables surprises à ses petits enfans.*)

C'est ainsi qu'il s'avança tranquillement vers le terme d'une existence qui se prolongea bien au-delà de ses prévisions et de ses espérances les plus téméraires. Après une indisposition de peu d'heures il s'éteignit doucement le 23 Janvier dernier, à l'âge de 90 ans moins 9 jours.

---

*) Le caractère de M. Jean Kœchlin était celui d'une bienveillance douce et enjouée. Son esprit ne manquait ni d'originalité ni de causticité. On cite les réparties par lesquelles il imposa silence à de jeunes et sémillans officiers français, lorsque admis, un jour, au château de Versailles, il s'y présenta en uniforme de commandant de la milice active de la république de Mulhausen, et que ce costume attira sur lui l'attention et les railleries de ceux qui l'entouraient.— On sait que, dès les premières campagnes des armées françaises en Allemagne, il présenta au général en chef Bonaparte un mémoire dans lequel il proposait qu'on attachât à chaque corps d'armée des chiens dressés pour la découverte de l'argent et d'autres objets précieux que les habitans des pays occupés par nos armées avaient l'habitude d'enfouir. Il fut question de ce mémoire dans un feuilleton de Geoffroy, et lorsqu'en 1809 M. Kœchlin, étant allé voir un de ses fils à Vienne, y fut présenté à Napoléon, celui-ci se souvint du mémoire sur les chiens savans, et en fit mention dans son entretien avec l'auteur. — Cette tournure d'esprit était restée au vieillard jusque dans les dernières années de sa vie. Un de ses frères lui ayant demandé, à titre de souvenir pour ses petits-enfans, un de ses tableaux en ailes de papillons, il lui remit, peu de jours après, un dessin représentant deux ours fumeurs qui se rendent le service réciproque de s'allumer leurs pipes, avec cette inscription : *Bruderliebe.*

MULHOUSE, IMPRIMERIE DE J. P. RISLER.

www.ingramcontent.com/pod-product-compliance
Lightning Source LLC
LaVergne TN
LVHW051145060726
842526LV00006B/2237